Originalausgabe
1. Auflage
© 2021 Dressler Verlag GmbH,
Max-Brauer-Allee 34, 22765 Hamburg
ellermann im Dressler Verlag · Hamburg
Alle Rechte vorbehalten
© Cover: Stéffie Becker
Druck und Bindung: SIA Livonia Print,
Ventspils iela 50, LV-1002 Riga, Lettland
Printed 2021
ISBN 978-3-7514-0004-6

www.ellermann.de

Mein allererster
VORLESESCHATZ
zum Träumen

Geschichten, Reime und
Fingerspiele zum gemeinsamen
Anschauen und Vorlesen

für Kinder ab 2 Jahren

ellermann im Dressler Verlag GmbH · Hamburg

Inhaltsverzeichnis

Henriette Wich/Marina Rachner
Kleine Traum-Geschichten zum Vorlesen   11

Henriette Wich/Annette Fienieg
Kleine Sandmännchen-Geschichten zum Vorlesen   35

Henriette Wich/Susanne Wechdorn
Kleine Tier-Geschichten zum Vorlesen   59

Marina Rachner (Illustration)
Fingerspiel: *Wie das Fähnchen auf dem Turme* 82

Miriam Cordes (Illustration)
Kinderreim: *Mein Püppchen …* 84
  Es tanzt ein Bi-Ba-Butzemann 85

Marina Rachner (Illustration)
Fingerspiel: *Fährt ein Schifflein übers Meer* 86

Miriam Cordes (Illustration)
Kinderreim: *Hoppe, hoppe, Reiter* 88
  Hopp, hopp, hopp zu Pferde 89

Marina Rachner (Illustration)
Fingerspiel: *Geht ein Mann …* 90

Quellenverzeichnis 92

Henriette Wich · Marina Rachner

Kleine
Traum Geschichten
zum Vorlesen

Ein Traum von der Traumfee

Eigentlich schläft Jenny schon. Als sie noch mal kurz blinzelt, steht plötzlich eine Fee vor ihr. Jenny reibt sich die Augen. »Wer bist du?«
»Huch!«, ruft die Fee und zuckt zusammen. »Ich bin Malwine, die Traumfee. Oje, ich hab mich verirrt!«
»Wo willst du denn hin?«, fragt Jenny.
»Zu Felix«, sagt Malwine.
»Das ist mein Bruder«, sagt Jenny. »Sein Zimmer ist nebenan.«
Malwine flitzt zur Tür. »Jetzt aber schnell! Ich muss ihm einen Feuerwehr-Traum bringen.«
»Warte!«, ruft Jenny. »Ich will auch von der Feuerwehr träumen.«
Malwine denkt nach. »Hmm ... Eigentlich verschenke ich jeden Traum nur einmal.«
»Bitte!«, sagt Jenny.
Da lächelt Malwine. »Na gut!« Sie hüllt Jenny in eine Wolke aus glitzerndem Feenstaub. Sofort

schläft Jenny ein. Im Traum fährt sie in einem knallroten Feuerwehrauto durch die Straßen.

Schlaf, Leni, schlaf!

Max mag seine kleine Schwester – wirklich! Aber seit Leni da ist, schreit sie ganz oft. Jetzt schon wieder. Max beugt sich über die Wiege und sagt: »Leni, hör endlich auf zu schreien!« Doch Leni schreit weiter.
Mama sagt: »Sie ist müde und kann nicht einschlafen.«
»Ach so«, sagt Max. Das ist ihm auch schon mal passiert. Sanft schaukelt Max die Wiege hin und her. Dazu singt er leise: »Schlaf, Leni, schlaf! Ich weiß, du bist ganz brav ...« Auf einmal hört Leni auf zu schreien. Zwei Tränen kullern noch über ihre roten Wangen. Kurz darauf schlummert sie selig und lächelt im Schlaf.

»Wovon sie jetzt wohl träumt?«, flüstert Max.
Mama streicht ihm über den Kopf.
»Bestimmt von ihrem großen Bruder, der sie so toll in den Schlaf gesungen hat.«
Max strahlt. Er mag seine kleine Schwester – wirklich!

Träum schön, Tanja!

Mama hat Tanja ins Bett gebracht. Mama hat mit Tanja ein Lied gesungen. Und Mama hat Tanja einen Gutenachtkuss gegeben. Jetzt steht Mama auf und sagt: »Träum was Schönes, Tanja!«
»Was denn?«, fragt Tanja.
Mama denkt nach. »Du könntest von der Sonne träumen.«
»Und was noch?«, fragt Tanja.
Mama denkt wieder nach. »Du könntest vom Mond träumen.«
»Und was noch?«, fragt Tanja.
Mama denkt wieder nach.
»Du könntest natürlich auch von den Sternen träumen.«
Tanja gähnt. »Und was noch?«, murmelt sie. Dabei fallen ihr die Augen zu.
Tanja träumt, dass sie fliegen kann. Sie fliegt hinauf in den Himmel. Dort geht die Sonne gerade unter. Tanja fliegt weiter zum Mond. Langsam geht er auf. Tausend Sterne funkeln am Himmel. Und auf einem Stern sitzt Mama und winkt Tanja zu.

Eine Sternschnuppe für Stefan

Jeden Abend nimmt Stefan seinen Drachen mit ins Bett. Aber heute ist der Drache weg!
»Ohne meinen Drachen kann ich nicht einschlafen!«, sagt Stefan. Oma legt den Arm um ihn.
»Komm, wir machen noch einen kleinen Spaziergang.«
Draußen ist es dunkel. Die Sterne leuchten. Auf einmal fällt eine Sternschnuppe herab. »Jetzt darfst du dir was wünschen«, sagt Oma. Stefan wünscht sich, dass sein Drache wieder da ist. Langsam geht er mit Oma nach Hause. Dabei starrt er in den Himmel. Plötzlich sieht er, wie die Sterne wandern. Jetzt sehen sie aus wie sein Drache, nur viel größer!
Als Stefan heimkommt, liegt der Drache auf seinem Bett. Stefan drückt ihn ganz fest. »Wo warst du denn?«
Der Drache sagt kein Wort, aber seine Augen glitzern so hell wie die Sternschnuppe.

Zauber, zauber, Zaubertraum

Morgen ist der große Hexenwettbewerb. Kamilla braucht unbedingt einen tollen Zauberspruch. Aber ihr fällt einfach nichts ein. Mäuseschwanz und Spinnendreck, das darf doch nicht wahr sein! Um Mitternacht hat Kamilla immer noch keine gute Idee. Verzweifelt geht sie ins Bett und schläft ein. Im Traum steht sie vor den anderen Hexen und sagt einen Zauberspruch auf: »Abrakadabra, Kamilla Riesenturbokato!« Es knallt. Funken sprühen. Der Knall ist so laut, dass Kamilla davon aufwacht. »Das ist es!«, ruft sie, springt aus dem Bett und schreibt schnell den Zauberspruch auf.
Am nächsten Tag geht Kamilla zum Hexenwettbewerb und sagt: »Abrakadabra, Kamilla Riesenturbokato!«
Es knallt wieder, und plötzlich ist sie riesengroß. Die Hexen klatschen und jubeln. Und Kamilla bekommt den ersten Preis.

Simon und das Sandmännchen

Heute gibt es Salat zum Abendessen. »Schon wieder Salat!«, mault Simon.
Papa zwinkert ihm zu. »Wenn du ein bisschen davon isst, erzähl ich dir nachher eine Sandmännchen-Geschichte.«
Warum hat Papa das nicht gleich gesagt? Sofort isst Simon alles auf. Danach düst er ins Bad, putzt sich die Zähne und hüpft ins Bett.
Papa erzählt: »Wenn es dunkel wird, kommt das Sandmännchen auf die Erde ...«

Auf einmal ist Simon schrecklich müde. Papas Stimme wird immer leiser. Plötzlich spürt Simon eine warme Hand auf der Schulter.
»Bist du das Sandmännchen?«, fragt er.
»Ja«, sagt das Sandmännchen. »Ich streue jetzt Traumsand auf deine Decke.«
Leise rieselt der Traumsand herab. Und schon fängt Simon an zu träumen.

Ein Schlitten im Schnee

Svenja hat Fieber und liegt schon den ganzen Tag im Bett. Ihr Kopf ist ganz heiß, und die Decke ist viel zu dick und warm. Svenja schwitzt und wälzt sich im Bett herum. Endlich schläft sie ein. Svenja träumt, dass sie auf einem Hügel steht. Es ist Winter, und alles ist weiß. Dicke Schneeflocken fallen vom Himmel und schmelzen auf ihrem Gesicht. Dann entdeckt Svenja einen Schlitten. Sie setzt sich darauf und saust den Berg hinunter. Der Wind pfeift ihr um die Nase. Immer schneller wird der Schlitten.

Als Svenja unten ankommt, purzelt sie in den Schnee. Der Schnee ist herrlich kühl. Svenja kullert darin herum und lacht. Vor lauter Lachen wacht sie auf. Sie liegt immer noch in ihrem Bett, aber ihr ist gar nicht mehr heiß. Und das Fieber ist weggeschmolzen, wie Schnee in der Sonne.

Der kleine Affe träumt

Der kleine Affe sitzt auf einem Ast und sieht den anderen Affenkindern zu. Die sind alle schon viel größer und können viel besser klettern als er. Sie tollen herum und schwingen sich von Ast zu Ast. Wenn er doch nur mitspielen könnte! Soll er einfach fragen? Nein, lieber nicht, denkt der kleine Affe. Dann sagen sie bestimmt: »Du bist doch noch viel zu klein!«
Am Abend kuschelt sich der kleine Affe an seine Mama und schläft ein.
Er träumt, dass er zu den Affenkindern geht und ganz laut fragt: »Darf ich mitspielen?«
»Klar!«, sagen die. Der kleine Affe macht vor Freude einen Purzelbaum. Dann tollt er mit den anderen herum. Mitten im Spielen wacht der kleine Affe auf. Und plötzlich weiß er: Gleich morgen früh wird er die anderen Affenkinder fragen, ob er mitspielen darf!

Vera wünscht sich was

Freitag ist Opa-Tag. Jeden Freitag kommt Opa und spielt mit Vera. Nur heute kann er nicht. Vera sitzt allein im Kinderzimmer. Sie holt ihre Bauklötze heraus, aber ohne Opa macht das Spielen keinen Spaß. Traurig legt Vera die Bauklötze weg. Dann macht sie die Augen zu und flüstert: »Ich wünsche mir, dass Opa doch noch kommt. Das wär so schön!« Plötzlich rauscht es in ihren Ohren. Da hört sie Opas Stimme: »Sei nicht traurig, Vera, spiel weiter! Ich komm zu dir, ganz bald. Versprochen!« Wieder rauscht es in ihren Ohren. Vera macht die Augen auf. Sie ist immer noch allein im Kinderzimmer, aber sie ist nicht mehr traurig. Mit ihren Bauklötzen baut sie ein wunderschönes großes Haus, für Opa und Vera. Plötzlich klingelt es an der Haustür. Vera springt auf, rennt in den Flur – und fliegt in Opas Arme.

Achtung Monsterjäger

»Schlaf schön!«, sagt Papa.
Konstantin starrt Papa an.
»Warum machst du denn die Augen nicht zu?«, fragt Papa.
Konstantin flüstert: »Weil sonst das Bettmonster kommt. Das wartet so lange, bis ich die Augen zuhab, und dann schleicht es sich an.«
»Keine Angst!«, sagt Papa. »Ich bleib hier sitzen. Wenn das Monster kommt, verjag ich es.«

»Wirklich?«, fragt Konstantin.
»Wirklich«, sagt Papa.
Da macht Konstantin die Augen zu.
Auf einmal ist er sehr, sehr müde. Fast wäre er eingeschlafen, da hört er plötzlich etwas rascheln.

Sofort schreckt er hoch und flüstert: »Ist das Monster da?« Papa grinst. »Es war kurz da, aber ich hab es verscheucht. Das kommt nie wieder.«

»Toll!«, sagt Konstantin. Dann schläft er ein und träumt, wie Papa das Monster verjagt. Schreiend rennt es davon.

Kuschel und Wuschel

Kuschel und Wuschel liegen auf einer Wolke im Himmel. Eigentlich sollten die beiden Traumschäfchen auf die Erde fliegen und den Kindern beim Einschlafen helfen. Aber auf der Wolke ist es so schön weich und warm! Kuschel und Wuschel machen nur ganz kurz die Augen zu – und schon sind sie im Reich der Träume. Plötzlich wacht Kuschel auf. Oh nein, der Mond ist schon aufgegangen! Schnell weckt er Wuschel. »Wir müssen los!«

Kuschel und Wuschel sausen hinunter auf die Erde. Alle Häuser sind dunkel. Alle Kinder schlafen schon. Nein, nicht alle! In einem Fenster brennt Licht. Pauline ist noch wach. Die Traumschäfchen fliegen in ihr Zimmer und kuscheln sich zu ihr unter die Decke. Bald schläft Pauline ein. Leise fliegen Kuschel und Wuschel wieder zurück zu ihrer Wolke und träumen weiter.

Henriette Wich · Annette Fienieg

Kleine
Sandmännchen Geschichten
zum Vorlesen

Hallo, liebes Sandmännchen!

Abends, wenn es dunkel wird, fliegt das Sandmännchen los. Es lässt den Mond hinter sich, saust zwischen den Sternen durch und füllt seinen Sack mit Sternenstaub. Dann rutscht es die Milchstraße hinunter – bis es auf der Erde ist. Dort liegen die Kinder in ihren Betten. Das Sandmännchen fliegt in jedes Zimmer hinein.
»Seid ihr schon müde?«, fragt das Sandmännchen.
»Nein!«, rufen die Kinder.
Das Sandmännchen seufzt:
»Schade! Dann muss ich meinen Sack wieder mitnehmen.«
»Was ist denn in dem Sack?«, wollen die Kinder wissen.
»Sternenstaub«, antwortet das Sandmännchen. »Wenn ihr einschlaft, geht euer größter Wunsch im Traum in Erfüllung.«
»Wir sind doch schon müde!«, rufen die Kinder.
Das Sandmännchen greift in seinen Sack. Sternenstaub fliegt durch die Luft. Wie der glitzert und funkelt!

Der Sternenstaub legt sich auf die Augen der Kinder. Und schon schlafen die Kinder ein. Und das Sandmännchen trägt sie ins Reich der Träume.

Ein Zaubertrick für Zacharias

Endlich ist Zacharias Zauberlehrling und darf in die Zauberschule von Hexe Herta. Hexe Herta lebt mitten im tiefen Zauberwald. Zacharias geht lange durch den Zauberwald, und sein Rucksack wird immer schwerer. Da kommt er zu einer Wiese, dort steht ein Hexenhaus. Hexe Herta schaut zum Fenster raus.
»Bringst du mir einen Zaubertrick bei?«, bittet Zacharias die Hexe.
»Was möchtest du denn zaubern?«, fragt Hexe Herta.
»Ich will so stark sein wie mein Papa«, sagt Zacharias. »Der kann alles tragen, sogar mich.«
Hexe Herta flüstert Zacharias einen Zauberspruch ins Ohr.
Zacharias ruft laut: »Abrakadabra Bäribus!«
Plötzlich wachsen seine Muskeln, und er ist auf einmal ganz stark. Zacharias spuckt in die Hände. Dann hebt er die Hexe hoch – mit einer Hand!

Hexe Herta kreischt. Da hebt Zacharias mit der anderen Hand einen dicken Baumstamm hoch. Auf dem Baumstamm sitzt das Sandmännchen und lacht.

Ein Pony für Pia

Pia sitzt auf einer Blumenwiese und malt ihr Traumpony: ein weißes Pony mit einer silbernen Mähne und goldenen Hufen.
Als Pia fertig ist, flüstert sie: »Liebes Pony! Wenn es dich doch wirklich geben würde!«
Da wirbelt das Bild durch die Luft. Aus dem Bild wird eine weiße Wolke. Aus der Wolke wird ein Pony. Ein Pony mit einer silbernen Mähne und goldenen Hufen!
Pia springt auf und fällt dem Pony um den Hals. Sein Fell ist ganz weich. Das Pony reibt seinen Kopf an Pias Schulter.
Pia schwingt sich auf den Rücken ihres Traumponys. Mit den Händen hält sie sich an der Mähne fest. Und schon galoppiert das Pony los. Pia jubelt. Reiten ist wie Fliegen!
Das Pony galoppiert über viele Berge. Auf einem Berg steht ein schwarzes
Pony. Und auf dem Pony sitzt das Sandmännchen.

»Hüüüh!«, ruft Pia. Gemeinsam mit dem Sandmännchen reitet sie weiter.

Eine Rakete für Robert

Gleich geht es los. Robert zieht seinen Raumanzug an und steigt in die Rakete.
Robert ruft: »Drei, zwei, eins, null!«
Die Rakete schießt in den Himmel. Sie fliegt höher und höher. Robert guckt nach unten. Die Erde ist so klein wie eine blaue Murmel.
Robert guckt nach vorne. Tausend Sterne funkeln. Robert flitzt zwischen ihnen hindurch. Da taucht eine große, rote Kugel vor ihm auf: der Mars!
Robert bremst die Rakete und landet. Er steigt die Leiter hinunter und setzt seinen Fuß auf rote Wüstenerde.
Da läuft ein kleines Männchen auf ihn zu. Ein Männchen mit einer roten Zipfelmütze und einem weißen Bart.
»Bist du das Sandmännchen?«, fragt Robert.
»Ja, genau«, sagt das Sandmännchen. »Du bist aber weit geflogen, Robert! Zeigst du mir deine Rakete?«
»Klar, komm an Bord«, sagt Robert.

Ein Feuerwehrauto für Feli

»Ring, ring, ring!«, macht die Alarmglocke in der Feuerwache.
»Es brennt!«, ruft Feuerwehrfrau Feli.
Schnell rutscht Feli die Stange hinunter, rennt zum Feuerwehrauto und braust mit den Feuerwehrmännern los.
»Tatütata!«, macht das Feuerwehrauto.
Schon sind sie da. Ein Schuppen brennt.
Das Sandmännchen rennt auf Feli zu. »Hilf mir! Im Schuppen ist mein Sack mit dem Sternenstaub.«
Feli hat verstanden. Blitzschnell rollt sie den Feuerwehrschlauch aus.
»Wasser marsch!«, ruft Feli.
Das Wasser schießt heraus und – zisch! – werden die Flammen ganz klein.
»Feuer gelöscht!«, ruft Feli. Dann klettert sie in den Schuppen und holt den Sack des Sandmännchens.
»Danke!«, ruft das Sandmännchen.
»Du hast meinen Schatz gerettet.«
»Gern geschehen«, sagt Feli.

Ein Hund für Hanno

Pfadfinder Hanno übernachtet zum ersten Mal im Zelt. Aber er kann nicht schlafen. Bestimmt gibt es draußen gefährliche Waldmonster.
»Huhuuu!«, macht es plötzlich. Die Waldmonster! Da ist ein riesiger schwarzer Schatten vor dem Zelt.
»Hilfe!«, ruft Hanno.
»Wuff, wuff!«, bellt es draußen.
»Wuff, haut ab, ihr Waldmonster!«
»Huhuuu!« – machen sich die Waldmonster davon.
Vorsichtig guckt Hanno aus dem Zelt. Da steht ein großer brauner Hund.
»Wo kommst denn du her?«, fragt Hanno.
»Das Sandmännchen hat mich geschickt«, sagt der Hund. »Ich bin ab heute dein Hund und beschütze dich.«
Hanno streichelt den Hund.
»Das ist toll. Kennst du dich auch mit Klomonstern aus?«
»Wuff! Klar«, sagt der Hund.

Ein Piratenschatz für Paula

Paula ist der größte Piratenkapitän der Welt. Paula hat das größte Pira-tenschiff der Welt. Jetzt fehlt Paula nur noch der größte Piratenschatz der Welt.
Seit Wochen sitzt Paula im Mastkorb und starrt durch das Fernrohr. Plötzlich sieht sie etwas.
»Schatzinsel in Sicht!«, brüllt Paula.
»Hurra!«, grölen die Piraten.
Kurz vor der Insel wirft Paula den Anker und geht mit den Piraten an Land. Die Piraten schlagen mit ihren Säbeln einen Weg durch die Büsche. Auf einmal stößt ein Säbel auf etwas Hartes. Eine Schatztruhe!
Paula knackt das Schloss. Die Truhe ist randvoll mit Lollis und Schokolade und goldenen Karamellbonbons.
Da raschelt es hinter Paula. Paula dreht sich um. Ein kleines Männchen huscht an ihr vorbei. Ob das das Sandmännchen war?

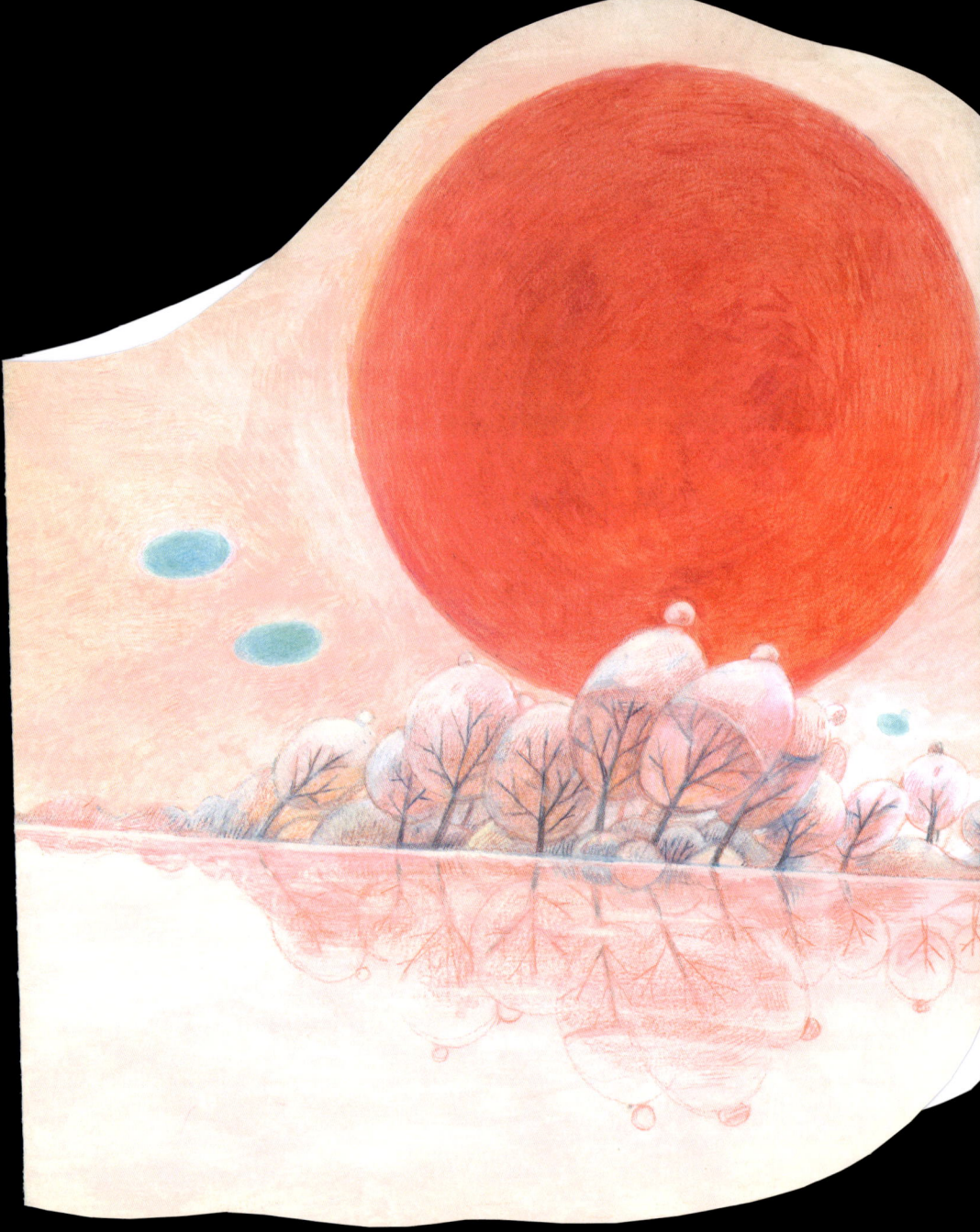

Ein Clown für Chris

Heute geht Chris in den Zirkus. Er malt sein Gesicht weiß an und setzt sich eine rote Pappnase auf. Vor der Kasse stürmt Clown Carlo auf ihn zu. »Der zweite Clown ist krank. Kannst du für ihn einspringen?«
»Kein Problem!«, sagt Chris. Doch dann hat Chris doch ein bisschen Bammel.
»Vorhang auf!«, ruft der Zirkusdirektor.
Chris erschrickt und stolpert in die Manege. Die Zuschauer brüllen vor Lachen.
Clown Carlo wirft Chris ein paar Bälle zu. Chris fängt sie auf und jongliert mit ihnen. Danach wirft er die Bälle in die großen Hosentaschen von Clown Carlo.
»Bravo!«, rufen die Zuschauer.
»Bravo!«, ruft das Sandmännchen. Es sitzt in der ersten Reihe und klatscht wie verrückt.
Chris strahlt. Dann verbeugt er sich zusammen mit Clown Carlo.

Ein Schloss für Charlotte

Charlotte ist heute Prinzessin, mit Spitzenkleid, Papierkrone und Stöckelschuhen. So stöckelt sie durch die Straßen. Plötzlich bleibt ihr Schuh in einer Ritze stecken. Charlotte zieht und zerrt, doch der Schuh steckt fest.
Ein Prinz steigt aus einer goldenen Kutsche. »Kann ich helfen, Prinzessin?«
»Oh ja!«, sagt Charlotte.
Der Prinz geht auf die Knie und zieht den Schuh vorsichtig aus der Ritze.
»Bitte, Prinzessin!«, sagt er und verbeugt sich. »Ich bin übrigens Prinz Orlando.«
Charlotte wird rot. »Ich bin Charlotte. Aber ich bin leider keine richtige Prinzessin.«
Prinz Orlando lächelt. »Für mich bist du die schönste Prinzessin der Welt. Darf ich dich in mein Schloss führen?«
»Oh ja!«, sagt Charlotte.
Dann steigt sie in die Kutsche. Auf dem Kutschbock sitzt das Sandmännchen und zieht seinen Hut.

Ein Delfin für Dominik

Dominik planscht mit Delfin Dickie in der Badewanne. Dickie reitet über die Wellen und taucht unter dem Schaum durch.
»Toll!«, sagt Dominik.
»Das ist gar nichts«, sagt Dickie. »Soll ich dir mal das richtige Meer zeigen?«
»Au ja!«, ruft Dominik.
Plötzlich blubbert das Badewasser ganz doll. Es wird ein riesengroßer Fluss. Dominik und Dickie schwimmen mit dem Fluss ins Meer. Dort sind die Wellen riesig, aber Dickie springt über sie drüber. Dann taucht er unter und schießt wieder hoch.
»Supertoll!«, ruft Dominik. Er versucht, auch so schnell zu schwimmen wie Dickie. Aber er wird nur schrecklich müde davon.

Da taucht Dickie unter Dominik und trägt ihn auf seinem Rücken. Zusammen sausen sie über das Meer auf einen Leuchtturm zu. Hoch oben auf dem Leuchtturm steht das Sandmännchen und winkt.

Gute Nacht, liebes Sandmännchen!

Das Sandmännchen war fleißig und hat ganz viel Sternenstaub verteilt. Jetzt schüttelt es seinen Sack aus. Der letzte Sternenstaub rieselt auf die Erde.
Noch einmal geht das Sandmännchen von Kinderzimmer zu Kinderzimmer. Es deckt die Kinder zu und streicht ihnen über den Kopf.
»Schlaft gut!«, sagt das Sandmännchen.
Plötzlich wird das Sandmännchen schrecklich müde und muss gähnen.
»Gute Nacht, liebes Sandmännchen!«, murmeln die Kinder.
»Gute Nacht, Kinder!«, sagt das Sandmännchen.
Dann schwingt es sich in die Luft und fliegt zurück zu den Sternen. Auf dem Mond kuschelt das Sandmännchen sich in seine Hängematte und deckt sich mit einer Wolke zu. Und schon schläft es ein. Was das Sandmännchen wohl träumt? Bestimmt träumt es, dass alle Kinderträume eines Tages in Erfüllung gehen – nicht nur im Traum!

Henriette Wich · Susanne Wechdorn

Kleine

Tier
Geschichten

zum Vorlesen

Giraffe Gero ist schon groß

Giraffe Gero wandert mit Mama durch die Steppe. Vor einem Baum bleibt Mama stehen und macht den Hals ganz, ganz, ganz lang. Dann beugt sie sich zu Gero hinunter. »Schau, ich hab ein Blatt für dich!«
Gero frisst das Blatt. »Hmm, lecker!« Dann macht er auch den Hals ganz lang.
Aber Mama ist schneller. »Schau, ich hab noch ein Blatt für dich!«
Gero frisst das zweite Blatt. »Hmm, lecker!« Dann macht er den Hals ganz, ganz lang.
Aber Mama ist wieder mal schneller. »Schau, ich hab noch ein Blatt für dich!«
Da stampft Gero mit den Hufen auf. »Ich bin schon groß. Ich kann selber Blätter pflücken!«
»Alles klar«, sagt Mama.
Gero macht den Hals ganz, ganz, ganz lang. Geschafft!

Gero erwischt ein kleines Blatt ganz unten am Baum.
Gero frisst das kleine Blatt.
»Hmm, oberlecker!«

Katze Kira wird nass

Draußen blitzt und donnert es. Fabian klettert auf Papas Schoß.
»Das Gewitter geht bald vorbei«, sagt Papa. »Und hier drin haben wir es schön warm und trocken.«
Da ruft Fabian aufgeregt: »Wo ist denn Kira?«
»Draußen«, sagt Papa. »Aber unser Kätzchen findet sicher ein trockenes Plätzchen.«
Fabian läuft trotzdem zur Tür und hebt die Katzenklappe hoch.
»Kira!«, ruft er. »Kira!«
»Miau!«, macht es, und Kira springt herein. Sie ist klatschnass.
»Hast du Angst gehabt?«, fragt Fabian. Kira schmiegt sich an sein Bein.
Da bringt Papa ein altes Handtuch. »Willst du Kira trocken rubbeln?«

Fabian nickt. Kira legt sich auf den Bauch und schnurrt. Fabian flüstert ihr ins Ohr: »Jetzt brauchst du keine Angst mehr haben. Hier drin haben wir es schön warm.«

Clownfisch Kai will nach Hause

Papa macht Mittagsschlaf. Clownfisch Kai schwimmt um Papa herum. »Spielst du mit mir?« Papa gähnt und kuschelt sich in die Seeanemonen. »Schwimm schon mal alleine los. Aber bleib in der Nähe!«
»Ja, ja«, sagt Kai.
Kai macht Purzelbäume im Wasser. Kai macht Kopfstand. Kai stürzt sich mitten hinein in die Korallen. Dann guckt er sich um. Oben, unten, überall sind Korallen. Wo geht es hier bloß wieder heraus? Kai ruft ganz laut: »Papa! Ich will nach Hause.«
Da taucht Papa auf. »Ich hab dich schon überall gesucht, Kai! Komm, wir schwimmen heim.« Papa schwimmt voraus. Kai bleibt dicht hinter ihm. Der Weg ist ganz schön weit, aber dann sind sie end-lich daheim. Papa bringt Kai ins Bett.
»Spielst du morgen mit mir?«, fragt Kai.
»Versprochen!«, sagt Papa. Da lächelt Kai und schläft ein.

Komm her, Schaf Schoko!

Jule kennt alle Tiere im Streichelzoo. Jeden Sonntag kommt sie mit Oma hierher. Aber heute ist ein neues Schaf da, ein schwarzes. Oma sagt: »Das Schaf heißt Schoko.«
»Süüüß!«, ruft Jule und läuft auf Schoko zu. Doch Schoko rennt davon. »Bleib stehen!«, ruft Jule. »Ich will dich doch nur streicheln.«
Oma sagt: »Lass Schoko ein bisschen Zeit. Sie ist noch sehr scheu.«
Jule nickt und wartet. Dann geht sie ganz langsam zu Schoko hin. Das Schaf guckt Jule mit großen Augen an. Aber diesmal rennt es nicht weg.
»Brav, Schoko!«, flüstert Jule. Schoko spitzt die Ohren. Jule geht näher heran und streckt die Hand aus. Vorsichtig schnuppert Schoko daran. Das kitzelt!
»Darf ich dich streicheln?«, fragt Jule.
Schoko kommt ein kleines Stückchen näher.
»Danke«, sagt Jule und krault Schokos Rücken, und Schoko hält ganz still.

Gut gemacht, Bär Boris!

Heute darf Bär Boris mit Mama und Papa Honig suchen. Neugierig stapft Boris durch den Wald. Plötzlich sieht er ein Spinnennetz. Toll, wie das glitzert!
»Komm schon!«, sagt Mama.
»Trödel nicht so.«
»Ich trödel doch gar nicht«, brummt Boris und geht weiter. Da entdeckt er einen Stein, der sieht aus wie ein Bär.
»Komm schon!«, sagt Papa.
»Trödel nicht so.«
»Ich trödel doch gar nicht«, brummt Boris und geht weiter. Plötzlich sieht er einen Baumstamm, der hat ein großes Loch.
»Komm schon!«, sagt Mama.
»Trödel nicht so.«
Diesmal bleibt Boris einfach stehen. Er steckt seine Tatze in das Loch und holt sie wieder raus. An der Tatze klebt Honig!
»Kommt schon!«, ruft Boris.
»Ich hab Honig gefunden.«

Mama und Papa laufen zu Boris zurück. Sie tanzen vor Freude und rufen: »Honig, hurra!«
Dann sagt Papa: »Danke, Boris.«
Und Mama sagt: »Gut, dass du getrödelt hast!«

Ente Emmas Überraschung

»Gehen wir heute wieder zu Ente Emma?«, fragt Anton.
»Klar«, sagt Mama.
Papa steckt ein Stück altes Brot in die Tüte, und dann gehen sie zu dritt zum Teich.
Mama macht: »Psst! Ich glaube, Emma hat eine Überraschung für dich.«
Anton geht auf Zehenspitzen zum Wasser. Ente Emma ist nicht allein. Sieben Entenjunge schwimmen hinter ihr her.
»Sind die klein und flauschig!«, ruft Anton.
Papa holt das Brot aus der Tüte. Anton wirft Emma und den Jungen Brotbröckchen zu. Hungrig schnappen sie danach, dann schwimmt Emma los, und die Jungen paddeln aufgeregt hinterher. Das siebte Entenjunge ist langsamer als die anderen. Es piepst laut und reckt ängstlich den Hals, weil es plötzlich seine Mama nicht mehr sieht.
»Da ist deine Mama!«, ruft Anton. Jetzt entdeckt das Junge seine Mama. Piepsend schwimmt es auf sie zu. Und Emma dreht sich um und wartet auf ihr siebtes Entenjunges.

Igel Ingo versteckt sich

Igel Ingo spielt mit seiner Schwester Isa Verstecken.
»Ich fang an«, sagt Ingo. »Aber du darfst mich erst suchen, wenn es dunkel wird.«
»Einverstanden«, sagt Isa und setzt sich unter einen Baum.
Ingo läuft zu einem Laubhaufen. Er versteckt sich zwischen den Blättern und wartet. Die Sonne geht unter, aber Isa kommt nicht. Der Mond geht auf, aber Isa kommt immer noch nicht. Da marschiert Ingo los und sucht seine Schwester. Sie liegt unter dem Baum und schnarcht!
Ingo stupst sie mit der Schnauze an. »He, du Faulpelz! Du hast mich ja gar nicht gesucht.«
»Entschuldige, ich war auf einmal so müde«, sagt Isa und gähnt.
Ingo muss plötzlich auch schrecklich gähnen. Uaaah!
Da rufen Mama und Papa nach ihnen: »Isa! Ingo!«
»Hier sind wir!«, ruft Ingo zurück.
»Kommt mit, wir machen Winterschlaf«, ruft Papa. »Wir brauchen nur noch ein gutes Versteck.«
»Ich weiß eins!«, sagt Ingo.

Kuh Klara sagt Hallo

Linus und Opa wandern in den Bergen. »Wie lang dauert's noch?«, fragt Linus.
»Da vorne ist die Alm«, sagt Opa. »Da machen wir Rast.«
Die Alm ist eine Holzhütte auf einer Wiese. Linus setzt sich neben Opa auf die Bank vor der Hütte. Plötzlich läutet eine Glocke. Der Bergbauer kommt mit einer Kuh um die Ecke.
»Wer bist du denn?«, fragt Linus die Kuh.
»Das ist Klara«, sagt der Bauer. Klara guckt Linus mit ihren sanften, braunen Augen an. Linus streichelt Klara. Ihr Fell ist ganz warm von der Sonne.
»Hast du Durst?«, fragt der Bauer.
»Und wie!«, sagt Linus.
Der Bauer setzt sich auf einen Schemel und zieht an Klaras Euter.
Frische Milch spritzt in einen Becher. Als der Becher voll ist, gibt der Bauer ihn Linus. Die Milch ist warm und schmeckt richtig lecker. Linus trinkt den Becher aus und sagt: »Bitte noch eine Milch, Klara!«
»Muh!«, macht Klara.

Kaninchen Cora und die Karotte

Kaninchen Cora hoppelt über die Wiese. Da entdeckt sie beim Zaun eine köstliche Karotte. Cora hoppelt schneller. Plötzlich stößt sie mit Cleo zusammen.
»Das ist meine Karotte!«, ruft Cleo.
Cora schüttelt den Kopf. »Ich hab sie zuerst gesehen.«
»Nein, ich!«, sagt Cleo.
»Nein, ich!«, sagt Cora.
Cleo streckt die Pfote nach der Ka-rotte aus. Das geht zu weit! Cora wirft Cleo um und rauft mit ihr. Auf einmal hören sie auf. Auf dem Zaun sitzt nämlich Hase Hugo und hat die köstliche Karotte zwischen seinen Pfoten.
»He, das ist unsere Karotte!«, ruft Cora.
»Ja, genau«, sagt Cleo. »Gib sie sofort her!«
Da erschrickt Hugo. Er lässt die Karotte fallen und rennt schnell davon.
Cleo guckt Cora an. »Teilen wir jetzt endlich unsere Karotte?«
»Klar!«, sagt Cora und bricht die Karotte in zwei gleich große Hälften.

Hund Henri muss mit

Der Sommer ist vorbei, und heute fängt für Jana der Kindergarten wieder an.
Jana zieht ihre Jacke an. Hund Henri guckt ihr dabei zu. Jana zieht ihre Schuhe an. Henri zupft an den Schnürsenkeln. Jana setzt ihren Rucksack auf. Henri schnappt nach dem Rucksack.
»Was hast du denn?«, fragt Jana. Henri rennt los und holt seine Leine.
»Willst du mit?«, fragt Jana. Henri bellt und wedelt mit dem Schwanz.
Jana sagt zu Mama: »Henri will mich in den Kindergarten bringen. Darf er das?«
»Na gut«, sagt Mama. »Ausnahmsweise.«
»Komm, Henri!«, ruft Jana.
»Wuff!«, macht Henri. Er springt an Jana hoch und leckt ihr die Hand.

Maus Mascha ist nie allein

Maus Mascha ist jeden Tag mit Meike zusammen. Auch heute läuft Mascha wieder ganz früh zu Meike rüber. Die beiden Mäusemädchen rennen weiter zum Obstgarten. Dort spielen sie Fangen, springen in die Höhe, graben sich in die Erde ein und klettern an den Ästen hoch.
»Bravo!«, ruft plötzlich jemand. Mascha und Meike gucken vom Baum herunter.
Da steht eine weiße Maus mit einem schwarzen Zylinder. »Ich bin der Direktor vom Mäusezirkus«, sagt die weiße Maus. »Wollt ihr in meinem Zirkus auftreten?«
Mascha und Meike sehen sich an. Zirkus! Das klingt toll.
»Aber nur, wenn wir zusammenbleiben dürfen!«, sagt Mascha.

Der Zirkusdirektor lacht. »Ihr müsst sogar zusammenbleiben. Ihr seid meine neue große Nummer: die Mäusezwillinge!«
»Hurra!«, rufen Mascha und Meike, fassen sich an den Pfoten und machen einen Purzelbaum.

Spiel mit!

Arme angewinkelt nach vorn halten, Hände zeigen nach oben. Rhythmisch die Hände drehen. Das Kind macht die Bewegung nach.

Wie das Fähnchen auf dem Turme
sich kann drehn bei Wind und Sturme,
so soll'n sich meine Händchen drehn,
dass es eine Lust ist anzusehn.

Mein Püppchen, das lieb ich,
ich näh ihm ein Kleid,
das darf nicht zu eng sein
und auch nicht zu weit.

Ich wasche die Hemdchen und
Strümpfchen ihm rein.
Dann koch ich ein Süppchen
und wiege es ein.

Volksgut

Es tanzt ein Bi-Ba-Butzemann
in unserm Haus herum, widibum,
er rüttelt sich, er schüttelt sich,
er wirft sein Säcklein hinter sich.
Es tanzt ein Bi-Ba-Butzemann
in unserm Haus herum.

Volksgut

Fährt ein Schifflein übers Meer,
wackelt hin und wackelt her.
Kommt ein starker Sturm daher,
fällt das Kindchen in das Meer!
Plumps!

Spiel mit!

Das Kind sitzt auf dem Schoß und wird sanft von links nach rechts geschaukelt. Bei der dritten Zeile wird das Schaukeln stärker, und zum Schluss fällt das Kind durch die geöffneten Knie rückwärts nach unten. Dabei unter den Achseln festhalten.

Hoppe, hoppe, Reiter,
wenn er fällt, dann schreit er,
fällt er in den Graben,
fressen ihn die Raben,
fällt er in den Sumpf,
macht der Reiter PLUMPS!

Volksgut

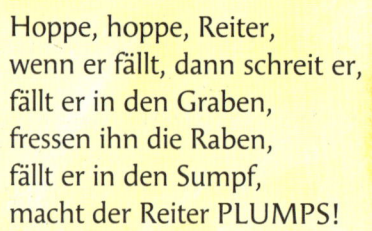

Hopp, hopp, hopp zu Pferde
wir reiten um die Erde.
Die Sonne reitet hinterdrein,
wie wird sie abends müde sein.
Hopp, hopp, hopp!

Volksgut

Geht ein Mann die Treppe rauf,
klingelt an,
klopft an,
guten Tag, Herr Nasemann!

Spiel mit!

Mit den Fingern den Arm des Kindes hochkrabbeln, am Ohrläppchen ziehen, an die Stirn klopfen und zum Schluss in die Nase kneifen.

Quellenverzeichnis

Wich, Henriette:
Kleine Traum-Geschichten zum Vorlesen
Illustrationen von Marina Rachner
© ellermann im Dressler Verlag GmbH, Hamburg 2008

Wich, Henriette:
Kleine Sanmännchen-Geschichten zum Vorlesen
Illustrationen von Annette Fienieg
© ellermann im Dressler Verlag GmbH, Hamburg 2004

Wich, Henriette:
Kleine Tier-Geschichten zum Vorlesen
Illustrationen von Susanne Wechdorn
© ellermann im Dressler Verlag GmbH,
Hamburg 2005

»Wie das Fähnchen auf dem Turme ...«,
»Fährt ein Schifflein übers Meer ...«,
»Geht ein Mann die Treppe rauf ...«
aus: Fingerspiele für die Kleinen
Illustrationen von Marina Rachner
© ellermann im Dressler Verlag GmbH, Hamburg 2014

»Mein Püppchen ...«,
»Es tanzt ein Bi-Ba-Butzemann«,
»Hoppe, hoppe Reiter ...«
»Hopp, hopp, hopp zu Pferde«
aus: Kinderreime für die Kleinen
Illustrationen von Miriam Cordes
© ellermann im Dressler Verlag GmbH, Hamburg 2014